T0123399

O Lord,
You Heal Our Infirmities

FR. JOHN FAHNESTOCK MSC

WESTBOW
PRESS®
A DIVISION OF THOMAS NELSON
& ZONDERVAN

WestBow Press books may be ordered through booksellers or by contacting:

WestBow Press
A Division of Thomas Nelson & Zondervan
1663 Liberty Drive
Bloomington, IN 47403
www.westbowpress.com
1 (866) 928-1240

ISBN: 978-1-9736-5618-0 (sc)
ISBN: 978-1-9736-5619-7 (e)

Print information available on the last page.

WestBow Press rev. date: 3/18/2019

Dear Friend,

Do not be discouraged because you are at the hospital. Rather, be in good spirits. You are at the hospital to be helped. These days are to benefit you. Of this you must be convinced. Everything will be done to restore you to good health. Have confidence in your doctor; cooperate with him and with all who take care of you. Also remember to pray for them.

But these days should benefit you also spiritually. They can and will bring calm and peace to your soul if you so desire. Peace of soul contributes greatly to our bodily welfare. It is medicine. It is a recognized agent for a speedy recovery.

You need not be depressed by loneliness at the hospital. You have more time to think and to be concerned about the welfare of your soul. Do not try to banish such thoughts or to ignore them. God may be knocking. Open your heart to Him. The opportunity is a great favor and grace from above. By all means use it and increase the peace and happiness of your soul.

Time itself, dear friend, is most precious. You do not want to waste even one moment. Upon the use of time depends Eternity. You can make time most profitable for yourself during your stay at the hospital. St. James the Apostle writes, *"Draw near to God, and He will draw near to you."* James 4:8

Meditations by Fr. Paul Zaun MSC (deceased)

Morning Prayer

I will begin this day: † In the name of the Father, and of the Son, and of the Holy Spirit. Amen.

Almighty Lord and God, You have given me the beginning of this day. Protect me and help me that I may not fall into sin. I desire to love You and so to bring holiness to my soul.

Our Father, Who art in Heaven, hallowed be Thy Name; Thy Kingdom come; Thy will be done on earth as it is in Heaven. Give us this day our daily bread; and forgive us our trespasses, as we forgive those who trespass against us. And lead us not into temptation, but deliver us from evil. Amen.

O Mary, Mother of Jesus and my Mother, watch over me and keep me close to the loving Heart of Jesus, my Savior.

Hail Mary, full of grace; the Lord is with you; blessed are you among women, and blessed is the fruit of your womb, Jesus. Holy Mary, Mother of God, pray for us sinners, now and at the hour of our death. Amen.

St. Joseph, and all the saints of God, pray for me.

Angel of God, my guardian dear,
To whom God's love commits me here;
Ever this day be at my side, To light and guard, to rule and guide.
Amen.

"Deign, O Lord, to rescue me: O Lord, make haste to help me." Ps. 70:2

"I am afflicted and poor; O God, hasten to me. You are my help and my deliverer: O Lord, hold not back." Ps. 70:6

O my God, I believe in You.
O my God, I hope in You.
O my God, I love You with my
whole heart. Amen.

Evening Prayer

O God, I thank You for all the blessings bestowed upon me this day. I am sorry that I did not always make a better use of them. Forgive me, O my God, if I have committed any sins against You. I am truly sorry for them.

Dear Lord, bless and protect me this night. Visit this my dwelling and guard me against all dangers. Let Your holy angels watch over me, and may Your blessings be upon me at all times.

O my God, I pray that I may be blessed with continual health of soul and body; and by the loving intercession of the Blessed Mary, my Mother, I ask to be delivered from present sorrows and be brought to everlasting joy in heaven, through Jesus Christ, our Lord. Amen.

O God, bless and protect also my loved ones and all for whom I ought to pray. Help the dying, and have mercy on the poor souls in purgatory.

St. Joseph and all the saints of God pray for me.

Lamb of God, Who take away the sins of the world, have mercy on us all and give us Your peace.

O Lord, keep safe Your servants, who trust in You.

Our Father..... Hail Mary.....
Jesus, Mary and Joseph, I give you my heart and my soul.
Jesus, Mary and Joseph, assist me in my last agony.
Jesus, Mary and Joseph, may I breathe forth my soul in peace with you.

Glory be to the Father, and to the Son, and to the Holy Spirit. As it was in the beginning, is now, and ever shall be, world without end. Amen.

"Ask, and it shall be given to you; seek, and you shall find; knock, and it shall be opened to you." Matt. 7:7

Sunday

Thoughts on Gratitude
with Jesus, our Savior

God is our origin. To Him we are indebted for life itself and for all good things. The greatest gift has come to us in Jesus Christ, our Savior. Thanksgiving was the daily tribute which Jesus offered to His heavenly Father. The words which He spoke at the tomb of Lazarus, *"Father, I give You thanks that you have heard me"* (John 11:41), were in His Heart from the first moment of the Incarnation and they are still His in heaven. On our altars He continues to give thanks also in our name to the heavenly Father. The Sacrament of the altar is the Holy Eucharist, the Sacrament of Thanksgiving. Taking part in this offering by attending Holy Mass we are *"giving thanks to God the Father through Jesus Christ"* (Col. 3:17). Through Him our offering and thanksgiving take on an infinite value and are made most acceptable to God. Through Jesus present on the altar in the Holy Eucharist, we can do what we cannot do of ourselves. St. Augustine says: *"Christ prays for us as our Priest. He prays in us as our Head. He is prayed to by us as our God."* In the Preface of every Mass we begin with thanks in these or similar words: *"Father, all-powerful and ever-living God, we do well always and everywhere to give You thanks"*.

And on the Sunday after the Ascension the Church prays, *"Filled, O Lord with sacred gifts, grant, we beseech*

You, that we may ever continue in thanksgiving." True gratitude will show itself in faithful service and in readiness to make sacrifices in living for God. Such a gratitude keeps God's blessings coming.

Scripture Readings on Gratitude

"Bless the Lord, O my soul, and forget not all His benefits." (Ps. 103:2)

"Give thanks to the Lord, for He is good, for His kindness endures forever." (Ps. 106:1)

"How shall I make a return to the Lord for all the good He has done for me?" (Ps. 116:12) "Blessed be the God and Father of our Lord Jesus Christ, Who has blessed us with every spiritual blessing on high in Christ." (Eph.1:3)

Whatever you do in word or in work, do all in the name of the Lord Jesus, giving thanks to God the Father through Him." (Col.3:17)

"Have no anxiety, but in every prayer and supplication with thanksgiving, let your petitions be made known to God." (Phil.4:6)

"I give thanks to my God always concerning you for the grace of God which was given you in Christ Jesus, because in everything you have been enriched in Him, in all utterance and in all knowledge."(1Cor.1:4-5)

"From Him and through Him and unto Him are all things. To Him be the glory forever, amen." (Rom. 11:36)

Prayer

O God, Whose bounty is infinite, permit me not to be so ungrateful as to forget Your blessings. You are my heavenly Father. I praise and thank you for Your fatherly love. O Jesus, You are the Son of God. You have become man to be my brother. You have saved me for eternal life by suffering and dying for me. O Jesus, I thank You.

O Holy Spirit, Spirit of God. You are my Sanctifier. You have made my soul the

temple of the Most High in Baptism. I thank You. Abide in me and keep me forever in the love of my God. Amen.

Monday

Thoughts on Humility with Mary, The Blessed Virgin

Mary, through her humility, belonged entirely to God with an undivided heart. Humility is not weakness nor apprehension. It is rather an intense love and constant fidelity in the soul of each one to be entirely in God's service for God's glory alone. Mary's will and all her desires and wishes were always in complete conformity with the will of God. God was well pleased with Mary. Her genuine humility attracted Him. When the fullness of time arrived for the Son of God to come into his world to be our Redeemer, the Spirit of God prepared the Virgin of Nazareth to be the mother of the Savior of humanity. *"The virgin's name was Mary"* (Luke 1:27). God created her immaculate in the state of original justice. She grew up in the practice of every virtue, doing God's will in all things and cooperating every moment with the divine graces granted to her. She was full of grace; the Lord was with her. (John 11:4) Life to Mary was but to live for God. And God knew that He could depend on this humble maiden to bring the Savior to all. She was to be the second Eve, a mother to all who were redeemed by Jesus, her Son (Luke 1:31), the second Adam. The pride of the first Eve in disobeying God had led to disaster. The humility of Mary was to bring the Savior and through Him eternal life to us. She is disturbed at the greeting of the Angel:

"Blessed are you among women" (Luke 1:28) But her humility prevails when God's plan is made clear to her. *"Behold the handmaid of the Lord; be it done to me according to your word"* (Luke 1:38) Not to her, but to God alone belong all honor and glory. *"My soul magnifies the Lord,...because He has regarded the lowliness of His handmaid"* (Luke 1:46-)

Scripture Readings on Humility

"Humble yourself the more, the greater you are, and you will find favor with God. For great is the power of God; by the humble He is glorified." (Sirach 3: 18-19)

"Before you the whole universe is as a grain from the balance, or a drop of morning dew come down upon the earth...And how could a thing remain, unless You willed it; or be preserved, had it not been called forth by You?" (Wis. 11:22-25)

"Man is like a breath of air; his days, like a passing shadow." (Ps. 144:4)

"When pride comes, disgrace comes; but with the humble is wisdom." (Prov. 11:2)

"He (Jesus) humbled Himself, becoming obedient to death, even to death on the cross. Therefore God also has exalted Him and has bestowed upon Him the name that is above every name." (Phil. 2:8-9)

"Amen I say to you, unless you turn and become

like little children, you will not enter into the kingdom of heaven." (Matt. 18:3)

"He has regarded the prayer of the destitute, and has not despised their prayer." (Ps. 102:18)

"And all of you practice humility towards one another; for God resists the proud, but gives His grace to the humble. Humble yourselves, therefore, under the mighty hand of God, that He may exalt you in time of visitation. Cast all your anxiety upon Him, because He cares for you." (Peter 5:5-6)

Prayer

O God, You are the giver of all good things. Whatever I have of myself is weakness and sinfulness. Without You I am utterly helpless. Grant that I may die to myself and to the world, to live only for You. Fill my heart with true humility. Make me more worthy of Your love. Amen.

Tuesday

Thoughts on Confidence
With Saint Peter

Jesus had promised the institution of the Blessed Sacrament, to give His flesh as a spiritual food under the form of bread. *"Unless you eat the flesh of the Son of Man and drink His blood you shall not have life in you"* (John 6:54).

Many of His hearers were shocked and no longer went about with Him. Jesus therefore asked the twelve, *"Do you also wish to go away?"* Peter answered, *"Lord, to whom shall we go? You have words of everlasting life, and we have come to believe and know that You are the Christ, the Son of God"* (John 6:68-70). Peter had the greatest confidence in Jesus. This confidence was inspired by deep faith in the person of Jesus Christ. He had witnessed the many miracles of the Master – the healing of the sick, the feeding of thousands with the loaves of bread, the raising of the dead to life; he had seen Jesus as the Good Shepherd, as the kind and helpful Samaritan. This faith never left Peter. It helped him to conquer fear after he had denied Jesus. He went out and wept bitterly, not in despair like Judas, but in sincere repentance. He left all things and followed Jesus. Confidence in Jesus gives every poor sinner the courage to start again on the road to eternal life. Jesus is with us. As God, He is everywhere. But, He is with us in a special way as God and man in the Blessed Sacrament under the form of bread and wine to offer Himself as food for the souls of all people. He desires to be united to us. As the Good Shepherd He will protect us against every evil, especially the evil of sin. He who rejects Jesus as his God and Savior creates for himself painful and cruel uncertainties. But acceptance of Jesus leads to successful and fruitful living. A life for God can never be empty. It makes us rich for time as well as for eternity.

Scripture Readings on Confidence in God

"Be brave and steadfast...for it is the Lord, your God, Who marches with you; He will never fail you or forsake you." (Deut. 31:6)

"The Lord is my helper; therefore I am not confounded." (Isa. 50:7)

"Blessed is the man that trusts in the Lord, and the Lord shall be his confidence." (Jer. 17:7)

"Even though I walk in a dark valley, I fear no evil; for You are at my side." (Ps. 23:4)

"The Lord is my light and my salvation; whom should I fear? The Lord is my life's refuge; of whom should I be afraid?" (Ps. 27:1)

"Happy the man who makes the Lord his trust; who turns not to idolatry or to those who stray after falsehood." (Ps. 40:5)

"God is our refuge and our strength, an ever-present help in distress. Therefore we fear not." (Ps. 46:2-3)

"The Lord is with me; I fear not; what can man do against me?" (Ps. 118:6)

"The eyes of the Lord roam over the whole earth, to encourage those who are devoted to Him wholeheartedly." (2Chr. 16:9)

"In the world you will have affliction. But take courage, I have overcome the world." (John 16:33)

Prayer

O God, You have been ready to guide me. I did not always listen to You. But now I turn with greatest confidence to Your loving care. Your love for humanity surpasses all understanding. Nothing can be compared to Your goodness, power, and wisdom. I fear nothing because I place my trust in the Heart of Jesus, my Savior. Your loving hand will lead me. You are the shepherd of my soul. Amen.

Wednesday

Thoughts on Fortitude and Patience With St. Joseph

St. Joseph was a just man. God chose him to be the foster father of Jesus. We admire his fortitude and patience, two virtues which he practiced in the difficulties he faced as the spouse of Mary and the protector of the child Jesus. Fortitude assists patience to endure, and patience keeps fortitude under control. Jesus and Mary were secure in the fortitude of Joseph. His love for Jesus and Mary made him strong. He acted as soon as the will of God was made known to him. He never considered himself. More than once his patience was put to a severe test; but he did not allow himself to be disturbed. Hasty decisions might have created more difficulties. The safety of the Holy Family was his responsibility. He was equal to the task imposed upon him. When the life of the child Jesus was threatened they had to take refuge in a foreign country. The flight into Egypt was not without danger. But Joseph was the watchful guardian on this journey, his courage providing safety and shelter far away from home.

There is no life without trials. At times they may be severe. They may cause great pain and affliction. But they must be borne with fortitude and patience if we are to succeed in life. Both body and soul profit by the virtue of patience. The impatient man is a burden to himself and to others. In sickness and misfortune it takes courage to pray, *"Yourwill be done, O God."* But it can be done when we look up to the Cross of Christ. From the Cross comes strength to all who truly love the crucified Savior.

Fortitude and patience are necessary for the practice of many other virtues. We do not live alone. Surroundings and other circumstances do influence our actions. But no one having a free will is without responsibility. We must pray for courage to do with justice and charity the things that are of God.

Scripture Readings on Fortitude and Patience

"A patient man need stand firm but for a time, and then contentment comes back to him." (Sirach 1:20)

"We are ready to die rather than to transgress the law of God, received from our fathers." (2Mach. 7:2)

"You have not spared your life, for reason of the distress and the tribulation of the people, but have prevented our ruin in the presence of our God." (Judith 13:25)

"Behold our God, Whom we worship, is able to save us." (Dan. 3:17)

"Do not be afraid, Joseph, son of David, to take to you, Mary, your wife." (Matt. 1:20)

"Arise, and take the child and His mother, and flee into Egypt, and remain there until I tell you." (Matt. 2:13)

"Blessed are they who suffer persecution for justice' sake, for theirs is the kingdom of heaven." (Matt. 5:10)

"Be strengthened in the Lord and in the might of His power." (Eph. 6:10)

"Neither murmur as some of them murmured, and perished at the hands of the destroyer." (1Cor. 10:10)

"Through many tribulations we must enter the kingdom of God." (Acts 14:21)

"Because Christ also suffered for you, leaving you an example that you may follow in His steps." (1Peter 2:21)

"If we hope for what we do not see, we wait for it with patience." (Rom. 8:25)

Prayer

O heavenly Father, Your will be done in all things. I have received innumerable blessings from Your hand. Why should I refuse the cross: Jesus, my Savior, suffered and died to enter into His glory. I desire to follow Him. O my God, I will willingly suffer as long as it pleases You. May Your just, Your holy Will be done. Amen.

Thursday

Thoughts on Cheerfulness
With St. Francis

St. Francis of Assisi had been a man of great wealth, a man of the world. But suddenly his eyes were opened; the things of the world did not satisfy him. He renounced all earthly goods so he could love Jesus and imitate Him Who had nowhere to lay His head. Poverty became his spouse. Disowned by his father, he rejoiced now to have God as his only and true Father. Freedom from the things of this world made Francis one of the happiest men who ever lived. He praised God with the birds of the air, the animals in the field and the fishes in the water. All creatures were to him so many gifts from God to bring joy to his heart, so many messengers of the all-wise, all-powerful, all-loving Creator. It was his greatest delight to praise God also in humiliations, in failures and in suffering. God showed that He was so well pleased with His servant that Francis received the stigmata, the five wounds of Christ, to suffer even bodily with his Savior.

We may not be able to follow St. Francis all the way. But who would not wish to have a little share in his cheerfulness? We all can have it in detachment from the things of this world and in seeking to love God more than we do. Riches, pleasures, honors and conquests can offer only passing enjoyment, so often mixed with uneasiness of mind. The less we desire earthly goods, the greater will be our joy in possessing God and His friendship. God alone is everlasting. St. Augustine says, *"You have made us for You, O God, and restless is our heart till it rests in You."* Cheerfulness is nourished by praising God constantly for His blessings. They surround us and make known to us His goodness. A heart that praises God has no room for sadness.

Scripture Readings on Cheerfulness

"Study the generations long past and understand; has anyone hoped in the Lord and been disappointed?" (Sirach 2:10)

"Gladness of heart is the very life of man, cheerfulness prolongs his days." (Sirach 30:22)

"Rejoice O hearts that seek the Lord!" (Ps. 105:3)

"My spirit rejoices in God, my Savior." (Luke 1:47)

"Let not your heart be troubled." (John 14:1)

"Your heart shall rejoice, and your joy no one shall take from you." (John 16:22)

"What does it profit a man, if he gain the whole world, but suffer the loss of his own soul?" (Matt. 16:26)

"Blessed are the poor in spirit, for theirs is the kingdom of heaven." (Matt. 5:3)

"We know that for those who love God all things work together unto good." (Rom. 8:28)

"May the peace of God which surpasses all

understanding guard your hearts and your minds in Christ Jesus." (Phil. 4:7)

"Seek first the kingdom of God and His justice, and all things shall be given you besides." (Matt. 6:33)

"Gladly therefore I will glory in my infirmities, that the strength of Christ may dwell in me." (2Cor. 12:9)

Prayer

Free my heart, O Lord, of all foolish desires for earthly things. How often have I been disappointed, seeking joy and happiness where they cannot be found. O God, grant that I may seek You first with all my mind, with all my strength, and with my whole heart. Amen.

Friday

Thoughts on Sorrow for Sin
With Mary Magdalen

Mary Magdalen had sinned. But she found the way to Jesus. She may have watched Him when He forgave sins. The grace of God touched her soul and her heart was changed. She knew then that she had found in Jesus the Messiah Who had come into the world to seek all that were lost. The change of her heart was complete. Her sorrow was great when she beheld Jesus die on the Cross of Calvary as the victim for her sins and the sins of the whole world. Perfect sorrow purifies the soul and admits to the friendship of the Savior and to the intimate companionship with Mary, the Blessed Virgin and the Mother of God.

Sin makes us an enemy of God, because it is rebellion against Him and a desecration of the soul which was purchased by the most blessed Blood of Jesus and sanctified by the indwelling of the Holy Spirit. But a penitent sinner is a friend of God. God is always ready to forgive. His compassion and love for the sinful is infinite. At times He seems to make special efforts to have the sinner change his ways. He speaks to him by the voice of conscience; He desires that we may turn to Him in days of sickness or other afflictions; He hopes to touch the heart by the Holy Cross upon which He died for our sins. *"Greater love than this no one has, that one lay down his life for his friends."* (John 15:13). Sincere sorrow for sin will lead to a firm resolution to avoid the occasion of sin and to cooperate faithfully with God's grace.

Scripture Readings on Sorrow for Sin

"As I live, says the Lord, I desire not the death of the wicked, but that the wicked turn from his way and live." (Ezech. 33:11)

"Be converted, and do penance for all your iniquities, and iniquity shall not be your ruin...make to yourselves a new heart and a new spirit." (Ezech. 18:30-31)

"If your sins be as scarlet, they shall be made as white as snow, and if they be red as crimson, they shall be white as wool." (Isa.1:18)

"A just judge is God, a God Who punishes day by day. Unless they be converted, God will sharpen His sword." (Ps. 7:12-13)

"Then I acknowledged my sins to you, my guilt I covered not. I said, I confess my faults to the Lord, and you took away the guilt of my sin." (Ps. 32:5)

"Indeed, I acknowledge my guilt; I grieve over my sin...Make haste to help me, O Lord my salvation!" (Ps. 38:19-23)

"My sacrifice, O God, is a contrite spirit: a heart contrite and humbled, O God, You will not spurn." (Ps. 51: 19)

"Father, I have sinned against heaven and before you. I am no longer worthy to be called your son." (Luke 15:21)

"The sorrow that is according to God produces repentance that surely tends to salvation." (2Cor 7:10)

"Repent therefore and be converted that your sins may be blotted out." (Acts 3:19)

"If we acknowledge our sins, He is faithful and just to forgive us our sins and to cleanse us from all iniquity." (1 John 1:9)

Prayer

O my God, I heartily repent my sins. I humbly ask of You mercy and pardon. Forgive me my offenses. I promise, with the help of Your grace, never to sin again. Amen.

Saturday

Thoughts on Perseverance With St. Paul

St. Paul was called by our Lord Himself to be His Apostle (Acts 9:15). From the time of his conversion he was the faithful champion for the cause of Christ crucified. He was happy to suffer persecution, imprisonment, and even death for his Lord and Savior. Two things he desired, either to depart this life in order to be with Christ, or to stay in the flesh in order to continue with others for their progress and joy in the faith. (Phil.1:23-26) As a well educated Pharisee he had used his ardent zeal for the law of Moses in persecuting the followers of Jesus Christ. His firm determination was known to the authorities in Jerusalem. They commissioned him to act in their name and to eradicate this new religion. St. Paul's character did not change with his marvelous conversion. But his soul was transformed so that he now used his zeal and determination to bring Gentiles and Jews to the love and knowledge of Jesus Christ. He labored with untiring energy and devotion to establish Christian communities everywhere. In his many letters he instructs churches and individuals in the faith; he warns them against dangers and exhorts them to be faithful to the end. He was filled with a sincere love for Christ, his faith was strong, and he had a constant desire to suffer with his crucified Savior. Faith comes to us as a most precious gift from above. It can be lost. To persevere in it, we are in need of God's special grace. That grace, according to St. Paul (Ephes. 1:8) is abundant. It must be obtained by constant prayer. He who prays for the grace of perseverance will develop the courage and determination to arrange his life in conformity with the will of God and in conformity with the eternal truths revealed to us. Perseverance leads to everlasting union with God in heaven.

Scripture Readings on Perseverance

"Whoever perseveres to the end, he shall be saved." (Matt. 24:13)

"With all prayer and supplication pray at all times in the Spirit, and therein be vigilant in all perseverance." (Eph. 6:18)

"Abide in me and I in you. As the branch cannot bear fruit of itself unless it remain on the vine, so neither can you unless you abide in me." (John. 15:4)

"My beloved brethren, be steadfast and immovable, always abounding in the work of the Lord, knowing that your labor is not in vain in the Lord." (1Cor. 15:58)

"Be you faithful until death, and I will give you the crown of life." (Rev. 2:10)

"I reckon that the sufferings of the present time are not worthy to be compared with the glory to come that will be revealed in us." (Rom. 8:18)

"Who shall separate us from the love of Christ?...I am sure that neither death, nor life, nor angels, nor principalities, nor things present, nor things to come, nor powers, nor height, nor depth, nor any other creature will

be able to separate us from the love of God, which is in Christ Jesus, our Lord." (Rom. 8:35)

"I have fought the good fight, I have finished the course, I have kept the faith. For the rest, there is laid up for me a crown of justice, which the Lord, the just Judge, will give to me in that day; yet not to me only, but to those who love His coming." (2Tim. 4:7-8)

Prayer

O God, You alone are my true end. You have given me life and existence. I desire nothing more than to cooperate with Your divine grace and to love You more and more. Help me that I may use every opportunity to persevere in Your service, to sanctify myself and to be Yours forever. Amen.

Prayer of the Sick for Vocations

Lord, You are a good and loving

Father, so I have great confidence that You are listening to me. Today we need many priests and consecrated men and women to serve Your Church.

I offer my sufferings, my illness, the infirmities of old age, and my personal inconveniences, for Your greater honor and glory. Give a spirit of generosity to our youth. Give them a vision, Your vision, of how they can serve their brothers and sisters in Christ.

Give to Your Church dedicated priests, sisters, brothers and missionaries, ardent but gentle servants of the Gospel to spend and consume themselves for Christ.

O God, give me strength to pray constantly through Jesus Christ, our Lord. Amen.

Prayer to Our Lady for A Sick Person

Our Lady of the Sacred Heart, I come to you in my need. You are called the Health of the Sick, and justly so, as countless grateful hearts will bear out. While you were on earth, you often heard and saw with what loving kindness the Heart of Jesus your Son, took pity on human misery, and how He laid His divine hands in blessing on each and every one afflicted with disease, and restored health to all whom He met. He no longer walks among us doing good in the same way. And yet His compassionate Heart has not changed.

You, Our Lady of the Sacred Heart, hold the key to the treasury of the Sacred Heart. You may draw from It at will all the graces I wish to obtain. Join my prayers, then, for my sick relative (friend) who is ill (about to undergo an operation: is suffering from constant ailments of. etc.) One word of yours is enough to move the Sacred Heart to pity and to bring about a change for the better or even complete recovery. I trust in your motherly care, Our Lady of the Sacred Heart, and I know that I shall not be disappointed.

However, if God should will otherwise, obtain for my loved one (friend) the grace of patience and resignation and the knowledge that the way of the Cross is the surest way to heaven. Amen.

Prayer for the Sick by Pope Pius XII

O clement and pious Mother, whose soul was pierced by the sword of sorrow, behold us poor sick beside you at Calvary with Jesus.

We, chosen for the sublime grace of suffering and desirous of fulfilling also in our own flesh that which is wanting in the passion of Christ that Body of His which is the Church, consecrate to you our person and our sufferings, so that you may offer them both on the altar of the Cross of your Divine Son as the humble victims of propitiation for our spiritual well-being and that of our brothers ane sisters.

Accept, O sorrowful Mother, this our dedication and confirm in our hearts the great hope that, as we share the sufferings of Christ, we may thus share in His comfort here and in eternity. Amen.

Mysteries of the Rosary

The Five Joyful Mysteries (Mon & Sat)

1. The Annunciation
2. The Visitation
3. The Nativity
4. The Presentation of Our Lord
5. The Finding of Our Lord in the Temple

The Five Luminous Mysteries (Thurs)

1. The Baptism in the Jordan
2. The Wedding at Cana
3. The Proclamation of the Kingdom
4. The Transfiguration
5. The Institution of the Eucharist

The Five Sorrowful Mysteries (Tues & Fri)

1. The Agony in the Garden
2. The Scourging at the Pilar
3. The Crowning with Thorns
4. The Carrying of the Cross
5. The Crucifixion and Death of Our Lord

The Five Glorious Mysteries (Sun & Wed)

1. The Resurrection

2. The Ascension
3. The Descent of the Holy Spirit
4. The Assumption of our Blessed Mother into Heaven
5. The Coronation of our Blessed Mother

Hail Holy Queen

Hail Holy Queen, Mother of mercy, our life, our sweetness and our hope. To you do we cry, poor banished children of Eve. To you do we send up our sighs, mourning and weeping in this valley of tears.

Turn then most gracious advocate, your eyes of mercy towards us. And after this our exile, show unto us the blessed fruit of your womb, Jesus.

O clement, O loving, O sweet Virgin Mary!

V. Pray for us, O Holy Mother of God.

R. That we may be made worthy of the promises of Christ.

Prayer

Pour forth, we beseech You, Lord, Your grace into our hearts, that we, to whom the incarnation of Christ,

Your Son, was made known by the message of an angel, may, by His passion and cross, be brought to the glory of His resurrection. Through the same Christ, our Lord. **Amen.**

The Apostle's Creed

I believe in God, the Father Almighty, Creator of heaven and earth, and in Jesus Christ, His only Son, our Lord, Who was conceived by the Holy Spirit, born of the Virgin Mary, suffered under Pontius Pilate, was crucified, died, and was buried.

He descended into hell. The third day He arose again from the dead. He ascended into heaven and sits at the right hand of God the Father Almighty, from whence He shall come to judge the living and the dead.

I believe in the Holy Spirit, the Holy Catholic Church, the communion of saints, the forgiveness of sins, the resurrection of the body, and life everlasting. Amen.

An Act of Contrition

My God, I am sorry for my sins with all my heart. In choosing to do wrong and failing to do good, I have sinned against You Whom I should love above all things.

I firmly intend, with Your help, to sin no more, to do penance and to avoid whatever leads me to sin. Amen.

For My Doctor/s

Lord Jesus, my stay in the hospital is guided by my doctor/s. I pray that You may be the chief Physician and guide those carefully with your grace who will be treating me. Help them in all they need. Give them the confidence of their skills and years of training. But most especially bring Your healing touch to their hands and hearts. Help them in all their difficulties and give them peace of mind so that they may be completely focused on my condition and do their very best. May they know that my trust is in You and with them. I ask this blessing through the intercession of St. Luke, patron of physicians. Amen.

For Nurses and Technicians Assisting in My Care

Lord Jesus, I ask you to bless and be with those who assist my doctor/s with my care in this hospital. The nurses are the ones who see me most. Be with them in their daily cares and help them to be diligent not only in my care but also with the others they need to serve. Other special technicians also are responsible for my care. Bless them as well to be conscientious and thorough in their work. Bless all those dedicated to my care and that of all the sick here with Your healing touch and presence. Help them to be Your hands that lovingly touch Your children with care and healing. Amen.

For a Sick Person Self or Others

Lord Jesus, our Savior and our Brother, listen to my prayer and look with love upon *(me/other person's name)*. Visit me/him/her in this time of sickness and fill me/him/her with the gifts of Your Spirit, that I/he/she may have the courage to carry Your cross, the strength to believe in Your love, and the faith to persevere in hope and prayer. Restore my/his/her strength and bring me/him/her back to full health.

Lord Jesus, unite my prayer to Your own, and present it to God most high. To God be glory and praise for ever and ever. Amen.

For a Sick Child

Heavenly Father, You love us all. Have mercy on us and listen to our prayer as we ask You to help N. Bless him/her, for he/she is your beloved child. We ask this grace in the name of Jesus, the Lord. Amen.

For All the Sick

Jesus our Lord, we ask you to have mercy on all who are sick. Give them Your strength and love, and help them to carry this cross with faith. May their suffering be one with Yours, overcome the power of evil, and lead others to our Father in Heaven. Lord Jesus, hear our prayer for You are Lord for ever and ever. Amen.

Before Surgery

Lord Jesus, be with *(me, or other person's name)* as I/he/she prepare/s for this operation. In Your love, guard and protect me/him/her. Through the skills of the doctors and the care of the nurses and staff, and the constant prayers of all my/his/her family and friends, bring me/him/her back to health and quickly restore me/him/her to full activity and bring me/him/her back to Your altar of praise.

Lord Jesus, I thank You for Your healing love and saving action among Your people. Through You be glory and praise to God our Father in the power of the Holy Spirit for ever and ever. Amen.

After Surgery

Loving God, I give you praise and glory for I know that You constantly watch over us and keep us close to You. I thank You for granting *(me, or other person's name)* a safe recovery, and commend myself/him/her again to Your enduring care. Embrace me/him/her in Your mercy and love, and continue the healing process until I/he/she is restored to full health.

Glory and honor and praise are Yours, through Jesus Christ our Lord, in the love of Your Holy Spirit, one God, for ever and ever. Amen.

For the Chronically Ill

Loving God, rock of strength for those who trust in You; comforter of those who call on You, hear the cry of those who suffer from constant sickness or weakness, and embrace them in Your loving arms. As You have united them to the suffering of Christ in the waters of Baptism, be their companion on the way of the cross, give them peace, and strengthen them with the vision of Your kingdom. We make this prayer through Jesus Christ our Lord. Amen.

For the Terminally Ill

Lord Jesus, our Brother, have pity on those who suffer for love of You. As they carry their cross each day with You, let them share in Your mission to save the world by their patient and prayerful endurance.

Bring Your Blessed Mother, St. Joseph the Patron of the dying, and their Guardian Angel along with You in their final hour to bring them safely home to our Father.

Give them strength in their time of weakness, and peace in the midst of anxiety, until they embrace the fullness of the Paschal Mystery in the glory of Your

Kingdom, where You live and reign for ever and ever. Amen.

For Those Who Care For the Sick

Lord Jesus, our Brother, You showed Your compassion for the sick when You reached out in love to them. We praise You for the saving love that is exercised among those who care for the sick. Conform them more and more to Your image that they may be Your healing touch to the sick, and share the peace of Your Holy Spirit with all they meet.

Glory and praise to You, Christ Jesus, the Incarnation of the Father's love, You are Lord for ever and ever. Amen.

For a Mother Before Childbirth

Lord God, Creator of the human race, Your Son, through the working of the Holy Spirit, was born of a woman, so that He might pay the age-old debt of sin and save us by His redemption.

Receive with kindness the prayer of Your daughter as she asks for the birth of a healthy child. Grant that she may deliver a son or a daughter to be numbered among Your family, to serve you in all things, and to gain eternal life. We ask this through Christ the Lord. Amen.

For a Mother After Childbirth

O God, author and sustainer of human life, from Your goodness Your daughter has received the joy of becoming a mother. Graciously accept our thanks and give ear to our prayers: defend this mother and child from every evil, be their companion along their pathway through life, and welcome them one day into the joys of Your eternal home. Amen.

OR

O God, our every blessing comes from You and You welcome the simple prayers of those who bless Your name. Grant that this mother may live in reliance on Your goodness and in thankfulness to You. Give to her and to her child the joyful reassurance that You are always near to protect them. Amen.

For Parents After a Miscarriage

Compassionate God, soothe the hearts of Your children and grant that through the prayers of Mary, who grieved by the cross of her Son, You may enlighten their faith, give hope to their hearts, and peace to their lives.

God of all creation we bless and thank You for Your tender care. Receive this life You created in love and comfort your faithful people in their time of loss with the assurance of Your unfailing mercy.

Lord, grant mercy to all the members of this family and comfort them with the hope that one day we will all live with You, with Your Son Jesus Christ, and the Holy Spirit, for ever and ever.

For the Elderly

Lord, our God, You have given your faithful the grace to maintain their hope in You through all life's changes and to taste and see Your goodness. We bless You for the gifts You have showered on them for so many years. We ask that they may find joy in a renewed strength of spirit, that they may have good health, and that they may inspire us by the example of their serene way of life. Amen.

For the Elderly 2

All-powerful and ever living God, in Whom we live and move and have our being, we thank You and praise You for giving the members of this community long years, lived in faith and in doing good.

Grant that they may have the loving support of their friends and relatives, that in good health they may be cheerful, and in poor health not lose hope. Sustained by the help of Your blessing, let them spend their old age giving praise to Your name. Amen.

For Those Suffering Mental or Emotional Disturbance

Lord Jesus, I ask your special help and comfort for those suffering mental or emotional disturbance. Sometimes the pressures and cares of life seem to heavy to bear and it becomes too hard to cope or deal reasonably in many situations. It is then that we need You most of all. Bring your healing and comforting touch to those in this special need. Give them peace of mind and assure them of Your divine presence in their lives and that they are precious in Your sight. You heal hearts and minds as well as bodies and I call upon You for this special blessing. Amen.

For Those in the Grip of Addiction

Lord Jesus, I pray for those who suffer from the physical, mental, emotional and spiritual disease of addiction. There are many forms of this disease and it is often difficult to admit that it is real. There is so much fear, guilt, shame that one may think they are evil and not sick. Bring healing and comfort and forgiveness to these sufferers and help them know that You can and will help them if they seek You. I seek you in their name and ask You to reveal Yourself to them so that they may know You and feel Your healing presence in their lives. Amen.

Personal Offering

Take, O Lord, all my liberty. Accept my memory, understanding, and entire will. You have bestowed on me whatever I have or possess; I give it all back to You, that you may dispose of it according to Your will. Give me only Your love and Your grace, and I shall be rich enough and have no more to desire.

Soul of Christ

Soul of Christ, sanctify me.
Body of Christ, save me
Blood of Christ, inebriate me.
Water from the side of Christ, wash me.
Passion of Christ, strengthen me.
O good Jesus, hear me
Within Your wounds hide me.
Permit me not to be separated from You.
From the malignant enemy defend me.
In the hour of my death, call me.
And bid me come to You,
That with Your saints I may praise You
For all eternity. Amen.

Act of Spiritual Communion

My Jesus, I believe that You are in the Blessed Sacrament. I love you above everything, and I long for You in my soul. Since I cannot now receive You sacramentally, come at least spiritually into my heart. As though You were already come, I embrace You and unite myself entirely to You. Allow me not to be separated from You.

Jesus, my good and gracious love, inflame this heart of mine so that it may be always and entirely on fire for You.

Protect Me Blessed Mother

Take my hand, O Blessed Mother
Hold me firmly, lest I fall.
I am nervous when I am walking
And on you I humbly call.

Guide me over crossing,
Watch me when I'm on the stairs.
Let me know that you're beside me,
Listen to my fervent prayer.

Bring me to my destination
Safely, every single day.
Help me with each undertaking
As the hours pass away.

And when evening falls upon us
And I fear to be alone
Take my hand, O Blessed Mother
And protect me and my home.

Estimado amigo,

No se desaliente porque usted está en el hospital. Más bien, esté en un buen espíritu. Usted está en el hospital para ser ayudado/a. Estos días son para su beneficio. De esto usted debe ser convencido. Todo será hecho para restaurarle a la buena salud. Tenga confianza en su doctor; coopere con él y con todos que tomen el cuidado de usted. También recuerde de rezar por ellos.

Pero estos días deben beneficiarle también espiritualmente. Pueden y le traerán calma y paz a su alma si los desea. La paz del alma contribuye grandemente a nuestro bienestar corporal. Es medicina. Es una ayuda reconocida como una recuperación rápida.

No necesita estar deprimido/a por la soledad en el hospital. Tendrá más tiempo para pensar y preocuparse por el bienestar de su alma. No intente de desterrarse a talespensamientos o no dejar de hacerle caso. Dios puede estar tocando. Ábrale su corazón a Él. La oportunidad es un gran favor y gracia del cielo. Por supuesto utilícela y aumente la paz y la felicidad de su alma.

El tiempo, estimado amigo, es el más precioso. No debe de perder ningún momento. El uso del tiempo depende la Eternidad. Usted puede hacer del tiempo provechoso durante su hospitalización. Santiago el Apóstol escribe, " *Acercarte a Dios, y Él se acercará a ti.*" Santiago 4:8

Oración de la Mañana

Comenzaré este día: ✝ En nombre del Padre, y del Hijo, y del Espíritu Santo. Amén

Señor y Dios Omnipotente, me has dado el principio de este día. Protégeme y ayúdame a no caer en pecado. Deseo amarte y de traer santidad a mi alma.

Padre nuestro que estás en el cielo, santificado sea tu nombre. Venga tu reino. Hágase tu voluntad en la tierra como en el cielo. Danos hoy nuestro pan de cada día. Perdona nuestras ofensas, como también nosotros perdonamos a los que nos ofenden. No nos dejes caer en tentación; y líbranos del mal. Amén.

O María, Madre de Jesús y Madre mía, vigila sobre mí, guárdame cerca al corazón amoroso de Jesús, mi Salvador.

Dios te salve María, llena eres de gracia, el Señor es contigo. Bendita tú eres entre todas las mujeres y bendito es el fruto de tu vientre, Jesús. Santa María, Madre de Dios ruega por nosotros pecadores ahora y en la hora de nuestra muerte. Amén.

San José, y todos los santos de Dios, ruega por mí.

Ángel de mi Guardia, mi dulce compañía, no me

desampares ni de noche ni de día, hasta que descanse en los brazos, de Jesús, José y María.

"Dignate, oh Dios, librarme; apresúrate, Señor en socorreme." Ps. 70:2

"Tú ves cuán pobre soy y desdichado, oh Dios, ven a salvarme. Tú eres mi socorro, mi liberador, Señor, no tardes más!" Ps. 70:6

O mi Dios, yo creo en Ti,
O mi Dios, espero en Ti,
O mi Dios, te amo con todo mi corazón. Amén

Oración de la tarde

O Dios, te agradezco por todas las bendiciones concedidas sobre mí en este día. Estoy arrepentido/a de no siempre hacer lo mejor de ellos. Perdóneme, O mi Dios, si he cometido pecados en contra de Ti. Estoy verdaderamente arrepentido/a por ellos.

Querido Dios, bendíceme y protégeme esta noche. Visita mi vivienda y guárdame contra todos los peligros. Deja que Tus santos ángeles me protejan, y Tus bendiciones siempre estén sobre mí.

O mi Dios, ruego para que siga bendecido/a con un continua salud del alma y del cuerpo; y por la intercesión amorosa de la Santa María, mi Madre, pido ser salvado/a de los actuales dolores y ser llevado/a a la alegría eterna en cielo, a través de Jesucristo, nuestro Señor. Amén

O Dios, bendice y protege también a mis seres queridos y todos por los quiénes debo de rezar. Ayuda a los moribundos, y ten misericordia en las pobres almas en el purgatorio.

San José y todos los santos de Dios ruega por mí.

Cordero de Dios, que quitas los pecados del mundo, ten misericordia en todos nosotros y danos Tu paz.

O Señor, asegura a Tu servíos, que confían en Ti

Padre Nuestro….. Dios te Salve…..

Jesús, María y José, les doy mi corazón y alma.
Jesús, María y José, asístanme en mi última agonía.
Jesús, María y José, que pueda respirar mi alma en paz con ustedes.

Gloria al padre y al Hijo y al Espíritu Santo, Como era en el principio, ahora y siempre, por los siglos de los siglos. Amén.

"Pidan y se les dará; busquen y hallarán; llamen y se les abrirá la puerta." Mateo 7:7

Domingo

Pensamientos en Gratitud con Jesús, nuestro Salvador

Dios es nuestro origen. A Él somos endeudados nuestra vida y todas las cosas buenas. El regalo más grande ha venido a nosotros por Jesucristo, nuestro Salvador. La acción de gracia era el tributo diario que Jesús ofreció a Su Divino Padre. Las palabras que Él dijo en la tumba de Lázaro, *"Padre, te doy gracias porque me has escuchado."* (Juan 11:41) estaban en Su Corazón a partir del primer momento de la encarnación y aún son de Él, en el cielo. En nuestros altares Él continúa dando gracias también en nuestro nombre al Padre Divino. El Sacramento del altar es la Santa Eucaristía, el Sacramento de acción de gracias. Participando en este ofrecimiento, en asistiendo a la Santa Misa estamos *"dando gracias a Dios el Padre por medio de Él."* (Col. 3:17) A través de Él nuestro ofrecimiento y acción de gracias se toma en un valor infinito y se hace más aceptable a Dios. A través de Jesús presente en el altar en la Santa Eucaristía, podemos hacer lo que no podemos hacer por nosotros mismos. San Agustín dice, *"Cristo ruega por nosotros como nuestro sacerdote. Él ruega en nosotros como nuestra Cabeza. Él es rogado en nosotros como nuestro Dios."* Al principio de cada Misa comenzamos con dar gracias en estas palabras o palabras similares: *"Padre todo poderoso y Dios verdadero, dichoso somos siempre y dondequiera para darte gracias."* Y el

Domingo después de la Ascensión en la Iglesia se reza, *"Llenos, O Señor de los regalos sagrados, permitenos, te suplicamos, a que puédanos continuar en laacción de gracias."* La gratitud verdadera se mostrará en el servicio fiel y en la preparación para hacer sacrificios en vivir para Dios. Tal gratitud deja que las bendiciones de Dios continuen.

Escrituras en Gratitude

"Bendice, alma mia, al Señor, y no olvides ninguno de sus bendiciones." (Ps. 103.2)

"¡Aleluya! Den gracias al Señor porque él es bueno, porque su amor perdura para siempre." (Ps. 106:1)

"¿Cómo le devolveré al Señor todo el bien que me ha hecho?" (Ps. 116:12)

"¡Bendito sea Dios, Padre de Cristo Jesús nuestro Señor, que nos ha bendicido en el cielo, en Cristo, con toda clase de bendiciones espirituales!" (Eph. 1:3) "Y todo lo que puedan decir o hacer, hágnalo en el nombre del Señor Jesús, dando gracias a Dios Padre por medio de él." (Col. 3:17)

"El Señor está cerca. No se inquieten por nada; antes bien, en toda ocasión presenten sus peticiones a Dios y junten la acción de gracias a la súplica." (Phil. 4:6)

"Doy gracias sin cesar a mi Dios por ustedes y por la gracia de Dios que les ha sido otorgada en Cristo Jesús, pues en él han llegado a ser ricos de mil maneras recibiendo todos los dones de palabra y de conocimiento." (1Cor:1:4-5)

"Todo viene de Él, por Él acontece y volverá a Él. A Él sea la gloria por siempre. ¡Amén!" (Rom.11:36)

Oración

O Dios, de quién la bondad es infinita, permíteme a no ser tan ingrato en olvidar Tus bendiciones. Tu eres mi Divino Padre. Te alabo y agradezco por Tu amor paternal.

O Jesús, Tu eres el Hijo de Dios. Te haz hecho hombre para ser mi hermano. Tu me haz salvado para la vida eterna en sufrir y morir por mí. O Jesús, te agradezco.

O Espíritu Santo, Espíritu de Dios. Tu eres mi Santificador. Tu haz hecho mi alma el templo de lo más alto en el Bautismo. Te doy gracias. Vive en mí y manténme por siempre en el amor de mi Dios. Amen.

Lunes

Pensamientos en la Humildad con María, la Santísima Virgen

María, con su humildad, perteneció enteramente a Dios con un corazón sin ser dividido. La humildad no es debilidad ni aprehensión. Es un amor intenso y fidelidad constante en el alma de cada uno a estar enteramente en el servicio de Dios para la gloria de Dios. La voluntad y todos los deseos de María estaban siempre en conformidad completa con la voluntad de Dios. Dios estuvo bien satisfecho con María. Su verdadera humildad lo atrajo. Cuando la plenitud del tiempo llegó al Hijo de Dios de entrar en el mundo para ser nuestro Salvador, el Espíritu de Dios preparó la Virgen de Nazaret para ser la madre del salvador de la humanidad. *"Una virgen llamada María" (LC 1:27)* Dios la creó inmaculada en el estado de la justicia original. Ella creció en la práctica de cada virtud, haciendo la voluntad de Dios en todas las cosas y cooperando cada momento con las gracias divinas que se le concedian. *Ella estaba llena de gracia, Él Señor estaba con ella. (Juan 11:4)* La vida de María era vivir para Dios. Y Dios sabía que Él podría depender de esta virgen humilde para traer al Salvador a todos. *Ella tenía que ser la segunda Eva, madre de todos que fueron redimidos por Jesús, Su Hijo, el segundo Adán. (Lucas 1:31)* El orgullo de la primera Eva, desobedeciendo a Dios nos llevo al desastre. La humildad de María era traer al Salvador y a través de Él, la vida eterna para nosotros. Ella estaba molesta con el saludo del Angel. *"Bendita tu eres entre las mujeres" (Lucas 1:28)* Pero su humildad prevalece cuando el plan de Dios se hace claramente a ella. *"Yo soy la esclava del Señor; que Dios haga conmigo como me has dicho (Lucas 1:38)* No a ella, sino a Dios solamente pertenecen todo el honor y toda gloria. " Mi alma alaba la grandeza del Señor; … porque Dios ha puesto sus ojos en mí, su humilde esclava. (Lucas 1:46-48)

Escrituras en la Humildad

"Mientras más grande seas, más debes humillarte; aí obtendrás la benevolencia del Señor. Porque si hay alguien realmente poderoso, ése es el Señor, y los humildes son los que lo honran. (Siracides 3: 18-19)

"El mundo entero está delante de ti como un grano en la balanza, como una gota de rocio que cayó al suelo de madrugada….¿Cómo podría durar una cosa que tú no quisieras? (Sab.. 11:22-25)

"El hombre es como un soplo, sus días como la sombra que pasa." (Ps. 144.4)

"Hoy la arrogancia, mañana la vergüenza: la sabiduría vive con los modestos." (Prov. 11:2)

"Él (Jesús) se rebajo a sí mismo haciéndose obediente hasta la muerte, y muerte de cruz. Por eso

Dios lo engrandeció y le dio el Nombre que está sobre todo nombre." (Phil. 2:8-9)

"En verdad les digo; si no cambian y no llegan a ser como niños, nunca entrarán en el Reino de los Cielos." (Mateo 18:3)

"El Señor atienda la oración del despojado y no se haga sordo a su plegaria." (Ps. 102:18)

"Revístanse de humildad unos para con los otros, porque Dios resiste a los orgullosos, pero da su gracia a los humildes. Humíllense, pues, bajo la poderosa mano deDios, para que, llegado el momento, Él los levante. Depositen el Él todas sus preocupaciones, pues Él cuida de ustedes. (Pedro 5:5-6)

Oración

O Dios, Tu eres el donante de todas las buenas cosas. Lo que tengo de mi es debilidad y pecados. Sin Ti estoy completamente desamparado. Concédame a que pueda morir a en mi y al mundo, y vivir solamente para Ti. Llena mi corazón con la verdadera humildad. Hazme digno de Tu amor. Amen

Martes

Pensamientos en la Confianza
con San Pedro

Jesús había prometido el instituto del Santísimo Sacramento, para dar Su cuerpo como alimento espiritual bajo forma de pan. *"Les aseguro que si ustedes no comen el cuerpo del Hijo del hombre y beben su sangre, no tendrá vida. (Juan 6:53)*

Muchos de sus oyentes fueron aterrados y no quisieron seguir con Él. Jesús entonces les pregunta a los doce, *"¿También desean irse?"* Pedro contesto, *"Señor, ¿a quien podemos ir? Tus palabras son palabras de vida eterna. Nosotros ya hemos creído, y sabemos que Tú eres el Cristo, el Hijo de Dios.* (Juan 6:67-69) Pedro tenía la confianza más grande en Jesús. Esta confianza fue inspirada por la fe profunda en la persona de Jesucristo. Él había atestiguado los muchos milagros del Maestro, la sanación del enfermo, la alimentación de los miles con el pan, la resurrección de los muertos a la vida, él había visto a Jesús como el buen pastor, como el Samaritano bueno y generoso. Esta fe nunca dejó a Pedro. Le ayudó a conquistar el miedo después de que él negó a Jesús. Él salió y lloró amargamente, no en la desesperación como Judas, pero en arrepentimiento sincero. Él dejó todas las cosas y siguió a Jesús. La confianza en Jesús da a cada pobre pecador el valor de comenzar otra vez en el camino a la vida eterna. Jesús está con nosotros. Como Dios, Él está por todas partes. Pero, Él también está con nosotros de una manera especial como Dios y hombre en el Santísimo Sacramento bajo la forma de pan y vino para ofrecerse como alimento para las almas de toda la gente. Él desea ser unido a nosotros. Como el Buen Pastor, Él nos protegerá contra cada mal, especialmente el pecado malvado. Él que rechaza a Jesús como su Dios y Salvador creara para el un dolorosas y crueldades incertidumbres. Pero aceptar a Jesús nos lleva a la exituosa y fructuosa vida. Una vida para Dios nunca puede estar vacía. Nos hace ricos por hora y por toda la eternidad.

Escrituras en la Confianza en Dios

Sean valientes y firmes, to teman ni se asusten ante ellos, porque Yave, tu Dios, esta contigo; no te dejara ni te abandonara. (Dueteronomio 30-:5)

El Señor Yave esta de mi parte, y por eso no me molestan las ofensas. (Isaías 50:7)

Bendito el que confia en Yave, y que en El pone su esperanza! (Jeramias 17:7)

Aunque pase por quebradas oscuras, no temo ningún mal, porque tu estas conmigo. (Salmo 23:4)

El Señor es mi luz y mi salvación, a quien he de temer? Amparo de mi vida es el Señor, ante quien temblare? (Salmo 27:1)

Feliz el hombre que cuenta con el Señor, que no

escucha a los cínicos ni se pierde en sus mentiras. (Salmo 40:5)

Dios es nuestro refugio y fortaleza, socorro siempre a mano en momentos de angustia. Por eso, si hay temblor no temeremos, o si al fondo del mar caen los montes. (Salmo 46:2-3)

Di el Señor esta conmigo, no temo, que podrá hacerma el hombre? (Salmo 118:6)

Porque los ojos de Yave recorren toda la tierra para fortalecer al los que le sirven de todo corazón. (2Cronicas 16:9)

Ustedes encontraran la persecución en el mundo. Pero, animo, yo he vencido al mundo. (Juan 16:33)

Oración

O Dios, Tu has estado listo para dirigirme. No siempre Te escuché. Pero ahora me doy vuelta con la confianza más grande a Tu cuidado cariñoso. Tu amor para la humanidad sobrepasa toda la comprensión. Nada se puede comparar a Tu bondad, poder, y sabiduría. No temo nada, porque pongo mi confianza en el corazón de Jesús, mi Salvador. Tu mano cariñosa me guiará. Tu eres el Pastor de mi alma. Amen

Pensamientos en Fortaleza y Paciencia con San José

San José era un hombre justo. Dios lo eligió para ser el padre adoptivo de Jesús. Admiramos su fortaleza y paciencia, dos virtudes que él practicó en las dificultades que él se enfrento como el esposo de María y el protector del niño Jesús. La fortaleza asiste a la paciencia para aguantar, y la paciencia mantiene a la fortaleza bajo control. Jesús y María estaban seguros de la fortaleza de José. Su amor a Jesús y María lo hizo fuerte. Él actuaba tan pronto como la voluntad de Dios se le daba a conocer. Él nunca se consideraba. Más de una vez, su paciencia fue puesta a una prueba severa; pero él no se permitió que fuera confundido. Las decisiones precipitadas pudieron crear dificultades. La seguridad de la Sagrada Familia era su responsabilidad. Él era igual a la tarea que se le impuso. Cuando la vida del Niño Jesús estaba amenazada tuvieron que tomar el refugio en un país extranjero. Peligro no falto en el camino a Egipto. Pero José fuer el vigilante guardian en este viaje, su valor dando protección y refugio lejos de su hogar.

No hay vida sin juicios. Ocasionalmente pueden ser severos. Pueden causar grand dolor y aflicción. Pero deben ser llevados con fortaleza y paciencia, si queremos tener éxito en la vida. El cuerpo y el alma se benefician por la virtud de la paciencia. El hombre impaciente es una carga para el mismo y para otros. En la enfermedad y en la desgracia toma valor de orar, *"Hagase, Tu voluntad, O Dios."* Pero puede ser hecho cuando miramos hacia la Cruz de Cristo. De la Cruz viene fuerza para todos los quienes aman verdaderamente a su Salvador crucificado.

La fortaleza y la paciencia son necesarias para la práctica de muchas otras virtudes. No vivimos solos. Circunstancias y lo que nos rodea influencian nuestras acciones. Pero nadie que tiene una voluntad libre está sin responsabilidad. Debemos orar para que el valor haga con la justicia y la caridad las cosas que están de Dios.

Lecturas en Escritura de Fortificación y Paciencia

El hombre paciente soportara todo el tiempo que sea necesario, al final se le condederá la alegría. (Sir 1:20)

Estamos dispuestos a morir antes que desobedecer a la Ley de nuestros padres. (2Mac. 7:2)

No vacilaste en exponer tu vida por tu pueblo oprimido, y, para salvarnos del desastre, tomaste ante Dios la decisión más eficaz. (Jud. 13:20)

Si nuestro Dios, al que servimos, quiere salvarnos del horno ardiente y de tu mano, nos salvara. (Daniel 3:17)

José, descendiente de David, no tengas miedo de llevarte a María, tu esposa. (Mateo 1:20)

Levántate, toma al niño y a su madre y huye a Egipto. Quédate allí hasta que yo te avise. (Mateo 2:13)

Felices los que son perseguidos por causa del bien, porque de ellos es el Reino de los Cielos. (Mateo 5:10)

Fortalézcanse en el Señor con su energía y su fuerza. (Ef. 6:10)

Oración

O Padre Divino, Tu voluntad se hará en todas las cosas. He recibido bendiciones innumerables de Tu mano. ¿Porque debo rechazar la cruz? Jesús, mi Salvador, sufrió y murió para entrar a Su gloria. Deseo seguirlo. Dios mío, estoy dispuesto a sufrir mientras Tu seas satisfecho. Que Tu justicia, Tu santa voluntad se hará. Amén.

Jueves

Pensamientos en la Alegría
con San Francisco

San Francisco de Asís era un hombre de gran riqueza, un hombre del mundo. Pero sus ojos fueron abiertos repentinamente; las cosas del mundo no lo satisficieron. Él renunció todas las cosas terrenales así para que él pudiera amar a Jesús e imitarlo, Él no tenía ninguna parte en donde poner su cabeza. Pobreza fue de su esposa. Negado por su padre, él ahora se alegro porque Dios era su verdadero Padre. Libertad de las cosas de este mundo hizo que Francisco fuera uno de los hombres más felices que ha vivido. Él alababa a Dios con los pájaros del aire, con los animales en el campo y con los pescados en el agua. Todas las criaturas eran para él muchos regalos de Dios para traer alegría a su corazón, tantos mensajeros del todo-sabio, del todopoderoso, del todo-cariñoso Creador. También era su placer más grande de alabar a Dios en humillaciones, en incidentes y en el sufrimiento. Dios mostró que Él estaba bien contento con su sirvió que Francisco recibió las estigmas, las cinco heridas de Cristo, para sufrir incluso en cuerpo con su Salvador.

Nosotros a la mejor no podemos seguir a San Francisco hasta el final. Pero ¿quién no desearía tener una pequeña parte en su alegría? Todos podemos tenerlo en la separación de las cosas de este mundo y en intentar amar a Dios más. Las riquezas, los placeres, los honores y las conquistas pueden ofrecer solamente disfrutos pasajeros, y a menudo mezclado con la intranquilidad de la mente. Cuanto menos deseamos cosas terrenales, mas será nuestra alegría en Dios y en Su amistad. Dios solamente es eterno. San Agustín dice. "Tu nos has hecho para Ti, O Dios, y nuestro corazón no descansará hasta estar en Tí." La alegría es alimentada alabando a Dios constantemente por Sus bendiciones. Nos rodean y dan a conocer a nosotros Su bondad. Un corazón que alaba Dios no tiene ningún lugar para la tristeza.

Escrituras en la Alegría

"Recuerden lo que les pasó a sus antepasados; ¿quién confió en el Señor y se arrepintió de haberlo hecho? ¿Quién perseveró en su temor y fue abandonado?

¿Quién lo llamó y no fue escuchado? (Sirach 2:10)

"Un corazón alegre mantiene al hombre con vida; la alegría prolonga su existencia." (Sirach 30:22)

"Siéntanse orgullosos de su santo nombre, y alégrense los que buscan al Señor. (Ps. 105:3)

"...y mi espíritu se alegra en Dios mi Salvador." (Lucas 1:47)

"No se turban; crean en Dios y crean también en mi." (Juan 14:1)

"Así también ustedes ahora sienten tristeza, pero

yo los volveré a ver y su corazón se llenará de alegria, y nadie les podrá arrebatar ese gozo. (Juan 16:22)

"¿De qué le serviría a uno ganar el mundo entero si se destruye a si mismo? (Mateo 16:26)

"Felices los que tienen el espíritu del pobre, porque de ellos es el Reino de los Cielos." (Mateo 5:3)

"También sabemos que Dios despone todas las cosas para bien de los que lo aman." (Rom. 8:28)

"Y la paz de Dios, que es mayor de lo que se puede imaginar, les guardará sus corazones y sus pensamientos in Cristo Jesús." (Phil 4:7)

"Por lo tanto, busquen primero su reino y su justicia, y se les darán también todas esas cosas." (Mateo 6:33)

"Con mucho gusto, pues, me preciaré de mis debilidades, para que me cubra la fuerza de Cristo." (2Cor 12:9)

Oración

Libra mi corazón, Señor, de todos los deseos absurdos hacia las cosas terrenales. Cuantas veces he estado decepcionado, buscando alegría y felicidad donde no pueden ser encontradas. O Dios, conceda que pueda buscarte primero con toda mi mente, con toda mi fuerza, y con mi corazón entero. Amén

Viernes

Pensamientos en el Dolor por el Pecado con María Magdalena

María Magdalena peco. Pero ella encontró la manera de llegar a Jesús. Ella pudo haberlo mirado cuando él perdonó pecados. La gracia de Dios tocó su alma y su corazón cambio. Ella sabía que encontró a Jesús el Mesías que había entrado en el mundo para buscar a todos los perdidos. El cambio de su corazón era completo. Su dolor era grande cuando ella miro a Jesús morir en la Cruz del Calvario, víctima de sus pecados y los pecados del mundo entero. El dolor perfecto purifica el alma y la admite a la amistad del Salvador y al compañerismo íntimo con María, la Santísima Virgen y la Madre de Dios. El pecado nos hace enemigos de Dios, porque es rebelde contra Él y una profanación del alma que fue comprada por la Santísima Sangre de Jesús y santificada por el Espíritu Santo. Pero un pecador paciente es un amigo de Dios. Dios está siempre listo para perdonar. Su compasión y amor a los pecadores es infinito. Él parece ocasionalmente hacer esfuerzos especiales de hacer que el pecador cambie sus maneras. Él le habla por la voz de la conciencia. El desea que lo busquemos en los días de enfermedad y otras aflicciones. Él espera tocar el corazón por la Santa Cruz sobre la cual Él murió por nuestros pecados. *"El amor más grande que uno puede tener es dar su vida por sus amigos"* (San Juan 15:13.) El dolor sincero por el pecado llevará una resolución firme de evitar la ocasión del pecado y de cooperar fielmente con la gracia de Dios.

Lecturas en Escrituras de Pena Y Pecado

Les responderás: Tan cierto como que soy vivo, palabra de Yave, que no deseo la muerte del malvado sino que renuncie a su mala conducta y viva. (Ezequiel 33:11)

Corrijanse y renuncien a todas sus infidelidades, a no ser que quieran pagar el precio de sus injusticias... hágase un corazón nuevo y un espíritu nuevo. (Ezequiel 18:30-31)

Aunque sus pecados sean colorados, quedaran blancos como la nieve; aunque sean rojos como púrpura, se volverán como lana blanca. (Isaías 1;18)

Dios es un juez justo, atento siempre para castigar. Arrepiéntanse, o tengan cuidado: El Señor tiene su espada afilada. (Salmo 7: 12-13)

Te confesé me pecado, no te escondí mi culpa. Yo dije: Ante el Señor confesare mi falta. Y tu, tu perdonaste mí pecado, condonaste me deuda. (Salma 32:5)

Si, quiero confesar mi pecado...Ven pronto a socorreme, oh Señor, mi salvador! (Salmo 38: 19-23)

Mi espíritu quebrantado a Dios ofreceré, pues no desdeñas a un corazón contrito. (Salmo 51:19)

Entonces el hijo le hablo: Padre, he pecado contra

Dios y ante ti. Ya no merezco ser llamado hijo tuyo. (Lucas 15:21)

La tristeza que viene de Dios lleva al arrepentimiento y realiza una obra de salvación... (2Corintios 7:10)

Arrepiéntanse, pues, y conviértanse, para que sean borrados sus pecados. (Hechos 3:19)

Pero si confesamos nuestros pecados, el, que es fiel y justo, nos perdonara nuesatros pecados y nos limpiara de toda maldad. (1 Juan 1:9)

Oración

O mi Dios, me arrepiento sinceramente de mis pecados. Pido humildemente de Tu misericordia y perdón. Perdóneme mis ofensas. Prometo, con la ayuda de Tu gracia, nunca pecar otra vez. Amen.

Sábado

Pensamientos en Perseverancia
con San Pablo

San Pablo fue llamado por nuestro Señor, por Él mismo, para ser su Apóstol. (Hechos 9:15). Desde su conversión él era el campeón fiel para la causa de Cristo crucificado. Él ere feliz de sufrir la persecución, el encarcelamiento, y la muerte para su Señor y Salvador. Dos cosas que él deseó, ya sea para salir de esta vida para estar con Cristo, o para permanecer en carne para continuar con otros para su progreso y alegría en la fe. (Phil. 1:23-26) Como un

Fariseo educado él había utilizado su celo ardiente para la ley de Moíses en perseguir los seguidores de Jesucristo. Su firme determinación era conocida por las autoridades en Jerusalén. Lo comisionaron para actuar en su nombre y suprimir esta nueva religión. El carácter de San Pablo no cambió con su conversión maravillosa. Pero su alma fue transformada de modo que él ahora utilizara su celo y determinación para traer Gentiles y a los Judíos el amor y al conocimiento de Jesucristo. Él trabajó con poder y dedicación incansable para establecer comunidades cristianas por todas partes. En sus cartas que él mando a las iglesias y a individuos en la fe; él los advierte contra peligros y les suplica a que sean fieles al extremo. Él estaba lleno de amor sincero para Cristo, su fe era fuerte, y él tenía un deseo constante de sufrir con su Salvador crucificado. La fe viene a nosotros como un regalo más precioso de arriba. Puede ser perdida. *Para perseverar en ella, estamos en necesidad de la especial gracia de Dios. La gracia según San Pablo es abundante. (Efesios 1:8)* Debe ser obtenida por oración constante. Él que ora por la gracia de la perseverancia desarrollará el valor y la determinación de arreglar su vida conforme a la voluntad de Dios y conforme a las verdades eternas reveladas a nosotros. La perseverancia lleva a la unión eterna con Dios en el cielo.

Lecturas en Escrituras de Perseverancia

Pero el que se mantenga firme hasta el fin se salvara. (Mateo 24:13)

Vivan orando y suplicando. Oren en todo tiempo según les inspire el Espíritu. Velen en común y perseveren. (Efesios 6:18)

Pero permanezcan en mi como yo permanezco en ustedes. Un sarmiento no puede producir fruto por si mismo si no permanece unido a la vid: tampoco ustedes pueden producir fruto si no permanecen en mi. (Juan 15:4)

Asi, pues, hermanos mios muy amados, manténganse firmes e inconmovibles. Dediquense a la obra del Señor en todo momento. Conscientes de que con el no será estéril su trabajo. (1Corintios 15:58)

Permanece fiel hasta la muerte y te daré la corona de la vida (Apocalipsis 2:10)

Estimo que los sufrimientos de la vida presente no se pueden compara con la Gloria que nos espera y que ha de manifestarse. (Romanos 8:18)

¿Quien nos separara del amor de Cristo? ¿Acaso las pruebas, la aflicción, la persecución, el hambre, la falta de todo, los peligros o la espada? (Romanos 8:35)

He combatido el buen combate, he terminado mi carrera, he guardado lo que me confiaron. Solo me queda recifir la corona de toda vida santa con la que me premiara aquel día el Señor, jues justo; y conmigo la recibirán todos los que anhelaron su venida gloriosa. (2Timoteo 4:7-8)

Oración

O mi Dios, Tu solo es mi extremo verdadero. Tu mes has dado vida y existencia. No deseo nada más que cooperar con Tu gracia divina y amarte cada vez más. Ayúdame para poder utilizar cada oportunidad de perseverar en Tu servicio, de santificarme y de ser Tuyo por siempre. Amén.

Oración del Enfermo para Vocaciones

Señor, Tu eres un buen y amoroso Padre, por lo cual tengo una gran confianza que Tu me estas escuchando.

Necesitamos hoy bastantes sacerdotes y hombres y mujeres consagrados para servir a Tu Iglesia.

Ofrezco mis sufrimientos, mi enfermedad, las enfermedades de la vejez, y mis inconveniencias personales, para Tu mayor honor y gloria. Dale un espíritu de generosidad a nuestra juventud. Dales una visión, Tu visión, de modo que pueden servir a sus hermanos y hermanas en Cristo.

Dale a Tu Iglesia sacerdotes dedicados, hermanas, hermanos y misioneros, ardientes pero apacibles al servicio del Evangelio para consagrarse con Cristo.

O Dios, dame la fuerza para seguir orando constantemente por Jesucristo, nuestro Señor. Amén.

Oración a Nuestra Señora para una Persona Enferma

Nuestra Señora del Sagrado Corazón, vengo a ti con una necesidad. Te llaman la Salud del Enfermo, y justo así pues, los corazones agradecidos incontables llevarán hacia fuera. Mientras que tu estabas en la tierra, tu oyistes a menudo y vistes con qué amabilidad cariñosa el Corazón de Jesús Tu hijo, tomó en compasión a la miseria humana, y cómo Él puso sus manos divinas en la bendición en cada uno afligido con una enfermedad, y restauró salud a todos que Él se encontraba. Él camina no más entre nosotros haciendo el bien de la misma forma. Pero Su Corazón compasivo no ha cambiado.

Tu, Nuestra Señora del Sagrado Corazón, mantienes la llave al tesoro del Sagrado Corazón. Tu puedes sacar de Él, en Tu voluntad, todas las gracias que deseo obtener. Unete a mis oraciones, entonces, para mi pariente (amigo) quien esta enfermo/a, (que experimentará una operación: está sufriendo dolencias de constante formas de...etc.) Una palabra tuya es bastante para mover el Sagrado Corazón a la compasión y para traer un cambio para la recuperación mejor o aún completa. Confio en tu cuidado maternal. Nuestra Señora del Sagrado Corazón, y sé que no estaré decepcionado.

Sin embargo, si Dios quiere de otra manera, de obtener a mi quierido pariente (amigo) la gracia de la paciencia y resignación y el conocimiento que el camino a la Cruz es el camino más seguro al cielo. Amén.

Oración para el Enfermo
por el Papa Pio XII

O clemente y piadosa Madre, quien su alma fue perforada por la espada del dolor, mantenos nosotros los pobres enfermos al lado de ti en el Calvario con Jesús.

Hemos elegifo por la gracia sublimación del sufrimiento y deseosos de satisfacer también en nuestra propia carne lo que esté deseando en la pasión de Cristo el Cuero de Él que es la Iglesia, consagra a ti nuestra persona y nuestros sufrimientos, de modo que tú puedas ofrecer ambos en el altar de la Cruz de tu Hijo Divino como las victimas humildes del propiciación para nuestro bienestar espiritual y de nuestros hermanos y hermanas.

Acepta, Oh Madre dolorosa, esto nuestro espero y confirma en nuestros corazones la gran esperanza que, como compartimos los sufrimientos de Cristo, podemos compartir así en Su comodidad aquí y en la eternidad. Amén.

Misterios Del Rosario

Los Cinco Misterios Gozosos (Lunes y Sábado)

1. La Anunciación
2. La Visitación
3. El Nacimiento
4. La Presentación de Jesús
5. Jesús Hallado en el Templo

Los Cinco Misterios Luminosos (Jueves)

1. El Bautismo en el Jordán
2. La Boda de Caná
3. La Proclamación del Reino de Dios
4. La Tranfiguración
5. La Institución de la Eucaristía

Los Cinco Misterios Dolorosos (Martes y Viernes

1. La Agonía en el Huerto de Getsemani
2. Jesús es Azotado y Humillado
3. La Coronación de Espinas
4. El Camino de la Cruz
5. La Crucificación y Muerte de Nuestro Señor

Los Cinco Misterios Gloriosos (Domingo y Miercoles)

1. La Resurrrección
2. La Ascensión
3. La Venida del Espíritu Santo
4. La Asunción de la Santísima Virgen María al Cielo
5. La Coronación de la Virgen María

Salve

Dios te salve, Reina, Madre de misericordia, vida, dulzura y esperanza nuestra, Dios te salve, a ti clamamos los desterrados hijos de Eva, a ti suspiramos, gimiendo y llorando en este valle de lágrimas.

Ea, pues, Señora abogada nuestra, vuelve a nosotros esos tus ojos misericordiosos, y después de este destierro, muéstranos a Jesús, fruto bendito de tu vientre, ¡Oh clemente! ¡Oh piadosa! ¡Oh dulce Virgen María!

V. Ruega por nosotros Santa María de Dios.

R. Para que seamos dignos de alcanzar las promesas de Cristo nuestro Señor.

Oh Dios, cuyo Unigénito Hijo, con su vida, muerte y resurrección, nos alcanzó el premio de la vida eterna: concédenos, a los que con veneración recordamos estos misterios del santísimo rosario, que imitemos las virtudes que contienen y logremos los premios que prometen. Por el mismo Cristo Nuestro Señor. Amén.

El CREDO

Creo en Dios, Padre Todopoderoso, Creador del cielo y de la tierra. Creo en Jesucristo, su único Hijo, Nuestro Señor, Que fue concebido por obra y gracia del Espíritu Santo, nació de Santa María Virgen, padeció bajo el poder de Poncio Pilato, fue crucificado, muerto y sepultado,

Descendió a los infiernos. Al tercer día resucitó de entre los muertos, subió a los cielos y está sentado a la derecha de Dios, Padre todopoderoso. Desde allí ha de venir a juzgar a vivos y muertos.

Creo en el Espíritu Santo, la santa Iglesia católica, la comunión de los santos, el perdón de los pecados, la resurrección de la carne y la vida eterna. Amén

Acto de Contricción

Señor mío Jesucristo, Dios y hombre verdadero, me pesa de todo corazón por haber pecado, porque he merecido el infierno y he perdido el cielo. Y sobre todo porque te ofendí a ti, que eres bondad infinita, a quien amo sobre todas las cosas. Propongo firmemente, con tu gracia, enmendarme y evitar las ocasiones próximas de pecado, confesarme y cumplir la penitencia. Confío me perdonarás por tu infinita misericordia. Amén.

Para Mi(s) Doctor(es)

Señor Jesús, mi hospitalización es guida por mi(s) doctor(es). Rezo para que Tu puedas ser el principal médico y diriges a ésos cuidadosamente con su gracia que me esté tratando. Ayúdales en todo lo que necesiten. Dales la confianza de sus habilidades y los años de entrenamiento. Pero más especialmente trae Tu tacto de sanación a sus manos y corazones. Ayúdales en todas sus dificultades y dales la paz de la mente de modo que puedan ser centrados totalmente en mi condición y hacer lo mejor posible. Que puedan saber que mi confianza esta en Ti y en ellos. Pido esta bendición a través de la intercesión de San Lucas, patrón de todos los médicos. Amen.

Para las Enfermeras y los Técnicos que Asisten a mi Cuidado

Señor Jesús, te pido que Tu bendigas y estes con los que asisten a mi(s) doctor(es) con mi cuidado en este hospital. Las enfermeras son las que me ven más. Esté con ellas en sus cuidados diarios y ayúdales a ser diligentes no sólo en mi cuidado pero también con los otros que necesitan de su servicio. Otros técnicos especiales también son responsables de mi cuidado. Bendicelos también para que sean concienzudos y cuidadosos en su trabajo. Bendice a todos ésos dedicados a mi cuidado y a todos los enfermos aquí con Tu tacto de sanación y presencia. Ayúdales a ser Tus manos que tocan cariñosamente a Tus hijos con cuidado y sanación. Amen.

Para una Persona Enferma Uno Mismo u Otros

Señor Jesús, nuestro Salvador y nuestro Hermano, escucha mi oración y mira con amor sobre *(mi / nombre de la persona)*. Visita (me/a el/a ella) en este tiempo de enfermedad y llena (me/a el/a ella) de los regalos de Tu Espíritu, que (yo/el/ella) pueda tener el valor de cargar Tu cruz, la fuerza de creer en Tu amor, y la fe para preservar en esperanza y oración. Restaura en (mi/el/ella) la fuerza y trae (me/a el/a ella) de nuevo a la salud completa.

Señor Jesús, une mi oración a Tus propios, y

presentalos a Dios el Altisimo. Dios será la gloria y alabanza por los siglos de los siglos. Amen.

Por un Niño/a Enfermo/a

Padre divino, Tu nos amas a todos. Ten misericordia en nosotros y escucha nuestra oración como pedimos que Tu ayudes a N. Bendice a el/ella, porque el/ella es Tu hijo/a querido/a. Pedimos esta gracia en el nombre de Jesús, el Señor. Amen.

Para Todos los Enfermos

Jesús nuestro Señor, te pedimos que Tu tengas misericordia en todos los que esten enfermos. Dales Tu fuerza y amor, y ayudales a cargar esta cruz con fe. Que su sufrimiento sea uno con el Tuyo, supera el poder del mal, y conduce otros a nuestro Padre en el Cielo. Señor Jesús, escucha nuestra oración porque Tu eres el Señor por los siglos de los siglos. Amén.

Antes de una Cirugía

Señor Jesús, estes con (*migo, o el nombre de la persona*) como me/el/ella me/se preparo/a para esta operación. En Tu amor, guarda y proteje (me/a el/a ella). Con las habilidades de los doctores y el cuidado de las enfermeras y del personal, y las oraciones constantes de toda mi/su familia y amistades restaura rápidamente a mi/el/ella a la actividad completa y trae a mi/el/ella de nuevo a Tu altar de alabanza.

Señor Jesús, le agradezco por Tu curación amorosa y acción salvadora entre Tu gente. A través de Ti sea la gloria y alabanza a Dios nuestro Padre en el poder del Espíritu Santo por los siglos de los siglos. Amén.

Después de una Cirugía

Dios cariñoso, te doy alabanza y gloria porque sé que Tu constantemente nos vigilas sobre nosotros y nos guardas cerca de Ti. Te agradezco por conceder *(a mi, o el nombre de la otra persona)* una recuperación segura, y (me) encomiendo (a el/ella) a otra vez a Tu gran cuidado. Abraza(me/a el/a ella) en Tu misericordia y amor, y continua el proceso de sanación hasta que este yo/el/ella restaurado a la salud completa.

La gloria y el honor y la alabanza son Tuyos, a través de Jesucristo nuestro Señor, en el amor de Tu Espíritu Santo, un Dios, por los siglos de los siglos. Amén.

Para el Enfermo Crónico

Dios cariñoso, roca de la fuerza para los que confían en Ti; el calmador de los que Te llaman, oye el grito de los que sufren de enfermedad o de la debilidad constante, y los abrazas en Tus brazos amorosos. Como Tu los has unido al sufrimiento de Cristo en las aguas del Bautismo, sea sus compañero en el camino a la cruz, dales la paz, y fortalecelos con la visión de Tu reino. Hacemos esta oración a través de Jesucristo nuestro Señor. Amén.

Para los que Tiene una Enfermedad Terminal

Señor Jesús, nuestro Hermano, ten compasión en los que sufren por Tu amor. Asi como cargan su cruz cada día con Tigo, dejalos compartir en Tu misión para salvar el mundo por Tu resistencia paciente y con gran oración.

Trae a Tu Santísima Madre, San José el patrón de los moribundos, y su Angel de la Guardia junto con Tigo en su hora final para llevarlos asegurados al hogar de nuestro Padre.

Dales la fuerza en sus tiempos de debilidad, y paz en el medio de la ansiedad, hasta que abrazen la plenitud del Misterio Pascual en la gloria de Tu Reino, en donde Tu vives y reinas por los siglos de los siglos. Amen.

Para los que cuidan al enfermo

Señor Jesús, nuestro hermano, Tu nos demostraste Tu compasión para el enfermo cuando Tu llevaste el amor a ellos. Te alabamos por el amor que se ejercita entre los que cuidan al enfermo. Conforma cada vez más con Tu imagen que pueden ser Tu tacto de sanación al enfermo, y comparten la paz de Tu Espíritu Santo con todos lo que se encuentren.

Honor y Gloria a Ti, Jesucristo, la Encarnación del amor del Padre, Tu eres el Señor por los siglos de los siglos. Amén.

Para una madre antes del parto

Señor Dios, Creador de la raza humana, Tu Hijo, por el trabajo del Espíritu Santo, nació de una mujer, de modo que Él pueda ser que pague la deuda histórica del pecado y nos salve por su redención.

Recibe con amabilidad la oración de Tu hija que te pide el nacimiento de un niño sano. Permitele que ella pueda dar a luz un hijo o a una hija que será uno/a mas entre Tu familia, para estar en Tu servicio en todas las cosas, y para ganar la vida eterna. Te lo pedimos por Cristo nuestro Señor. Amen.

Para una Madre después del parto

Oh Dios, autor y sustendor de la vida humana, de Tu bondad, Tu hija ha recibido la alegría de hacer una madre. Graciosamente acepta nuestras gracias y escucha nuestras oraciones: defiende a esta madre y hijo de cada mal, sea su compañero a lo largo de su camino de la vida, y dales la bienvenida un día en las alegrías de Tu hogar eterno. Amén.

O

Oh Dios, nuestra gran bendición viene de Ti y Tu le das la bienvenida a las simples oraciones de los quienes bendicen Tu nombre. Permitele que esta madre viva dependiendo en Tu bondad y en agradecimiento. Dale a ella y a su hijo el reaseguro alegre que Tu siempre estaras cerca para protejerlos. Amén.

Para los Padres después de un Malogro

Dios compasivo, calma los corazones de Tus hijos y permiteles que por las oraciones de María, quien se afligo al lado de la cruz de su Hijo, Tu puedas iluminar su fe, dar esperanza a sus corazones, y paz a sus vidas.

Dios de toda la creación, te bendecimos y te agradecemos por Tu tierno cuidado. Recibe esta vida que Tu creaste en amor y consuela a Tu gente fiel en este tiempo de pérdida con el aseguramiento de Tu misericordia que no falla.

Señor, dale la misericordia a todos los miembros de esta familia y consuela a ellos con la esperanza que un día todos viviremos con tigo, con Tu Hijo Jesucristo, y el Espíritu Santo, por los siglos de los siglos. Amén.

Para los Ancianos

Señor, nuestro Dios, Tu le has dado a tus fieles la gracia de mantener la esperanza en Ti por los cambios de la vida y probar y ver Tu bondad. Te bendecimos por los regalos Tu nos les has demostrado en bastante años. Pedimos que puedan encontrar la alegría en una fuerza renovada de espíritu, que puedan tener buena salud, y que puedan inspirarnos por el ejemplo de su manera serena de la vida. Amén.

Para los Ancianos 2

Dios todo poderoso y siempre vivo, en quien vivimos y nos movemos y tenemos nuestro ser, te agradecemos y te alabamos por darle a los miembros de esta comunidad muchos años, viviendo en la fe y en hacer el bien.

Permiteles que puedan tener el afectuoso apoyo de sus amigos y parientes, que en la buena salud puedan ser alegres, y en el mal estar no pierdan la esperanza. Manten con la ayuda de Tu bendición, permiteles pasar su viejes dando alabanza a Tu nombre. Amén.

Para los que sufren disturbio mental o emocional

Señor Jesús, te pido Tu ayuda especial y consuelo para los que sufren un disturbio mental o emocional. A veces las presiones y los cuidados de la vida se parecen demasiado pesados en llevar y llega a ser demasiado duro o de tratar razonablemente en muchas situaciones. Es entonces que Te necesitamos sobretodo. Traerles Tu toque de sanación y consuelo a esos que ocupan esta necesidad. Dales la paz de la mente y asegúrales de Tu presencia divina en sus vidas y que son preciosos en Tu vista. Tu sanas los corazones y las mentes igual como los cuerpos y yo te invito a esta bendición especial. Amen.

Para los que está fuera de control en una adicción

Señor Dios, rezo por los que sufren de una adicción o enfermedad fisica, mental, emocional y espiritual. Hay bastantes formas de esta enfermedad y a veces es difícil de admitir que es verdadero. Hay mucho miedo, culpa, vergüenza que uno pueda pensar que son malos y no enfermos. Traeles sanación y consuelo y perdonales a estos que sufren y ayudales a saber que Tu puedes y los ayudaras si ellos te buscan. Yo te busco en el nombre de ellos y te pido que te reveles a ellos para que puedan conocerte y sentir Tu presencia sanadora en sus vidas. Amén.

Ofrecimiento Personal

Toma, Señor y recibe toda mi libertad, mi memoria, mi entendimiento y toda mi voluntad, todo mi haber y poseer. Tu me lo diste, a ti, Señor lo torno, todo es tuyo, dispone de mi según tu voluntad. Dame tu amor y gracia que eso me basta. Amén.

Alma de Cristo

Alma de Cristo, santifícame
Cuerpo de Cristo, sálvame
Sangre de Cristo, embriágame
Pasión de Cristo, confórtame
¡Oh buen Jesús, óyeme!
Dentro de Tus llagas, escóndeme
No permitas que me separe de Ti
Del maligno enemigo, defiéndeme
En la hora de mi muerte, llámame y mándame ir a Ti
para que con tus santos te alabe
por los siglos de los siglos. Amén.

Acto de Comunión Espíritual

Jesús mío, yo creo que estas verdaderamente presente en el Santísimo Sacramento.

Yo te amo por encima de todas las cosas, te deseo en mi alma. Puesto que no te puedo recibir ahora sacramentalmente, ven por lo menos espiritualmente a mi corazón. Como si ya hubieras venido, Yo te abrazo y me uno enteramente a ti, nunca permitas que me separe de Ti.

Jesús, mi bueno y gracioso amor, inflama este

corazón mío para que sea siempre y completamente en fuego por Ti.

Protejeme Santísima Madre

Toma mi mano, Oh Santísima Madre,
Agárrame firmemente, para que no caiga...
Me pongo nervioso mientras caminoy te llamo a Ti humildemente.
Guíame en cada cruce,
Vigílame cuando estoy en las gradas.
Déjame saber que Tu estas a mi lado...
Escucha mis oraciones fervientes.
Tráeme a mi destino
A salvo a casa por el camino
Bendice cada una de mis empresas
Y mis deberes del día.
Y cuando el atardecer se acerque inadvertidamente
Yo nunca temeré estar solo.
Una vez más, Oh Santísima Madre
Toma mi mano y llévame a casa.

Printed in the United States
By Bookmasters